ARNAUD MATTOSO

COMUNICAÇÃO
&
MARKETING
para bons negócios

VEDAS
EDIÇÕES

"60% de todos os problemas administrativos resultam de ineficiência na comunicação"

PETER DRUCKER

ÍNDICE

CAPÍTULO 4

4.1 Comunicação Integrada: Marketing, Institucional, Interna.

4.1.2 Comunicação de Marketing

4.1.3 Comunicação Institucional

4.1.4 Comunicação Interna

4.2 Como colocar em prática?

4.3 Orçamento

4.3.1 Disponibilidade de recursos

4.3.2 Percentual de vendas

4.3.3 Paridade com concorrentes

4.3.4 Objetivo-Tarefa ou Metas e Execuções

CAPÍTULO 5

5.1 Expectativa versus Desempenho

5.2 Propaganda e Publicidade

5.3 A credibilidade da mídia espontânea

5.4 E como se faz isso?

CAPÍTULO 9

Estudos de Casos

CAPÍTULO 10

Plano de Marketing

10.1 Elaboração do planejamento estratégico

10.2 Execução do plano

10.3 Avaliação e controle

CAPÍTULO 11

Seja feliz

CAPÍTULO 12

Referências

CAPITULO 1

1.1 Investimento na imagem é permanente

Todo empreendedor quer ver a sua Marca, o nome da sua loja, o seu produto ou serviço ser (bem) comentado pelas pessoas nas redes sociais; por fornecedores, pelos colaboradores internos, enfim, por toda a sociedade e todos os públicos. Quanto mais se comenta sobre uma marca, mais ela há engajamento e fortalecimento da marca. Isso a leva a ocupar uma "fatia da mente" (*share of mind*) dos consumidores.

A Marca é o sinal que individualiza um produto ou uma empresa e que lhe oferece prestígio ou desprestígio. "Como elemento identificador deve conter características da individualidade que representa; ser o resumo da mensagem que a empresa ou produto deseja transmitir ao mercado" (SIMÕES, Roberto).

A criação da marca envolve o registro, a logomarca e o nome. O registro é a validade jurídica e dá direitos legais ao proprietário sobre o uso. A logomarca é a reunião de elementos ilustrativos (design) com o nome. Pode-se ou não utilizar cores.

O caso da marca Nike é simbólico. Foi criado por um estudante de designer a pedido dos sócios proprietários quando eram estudantes e custou a bagatela de cinquenta dólares.

A estrela da Mercedes Benz é outro exemplo de economia de cores e elementos gráficos tornando-a simples e eficiente. A Audi e a Volkswagen também conseguiram ótimos resultados com economia de elementos gráficos em suas logomarcas, onde rapidamente o consumidor identifica a empresa. Esta identificação visual imediata ajuda à conquista da "fatia da mente" do mercado.

E o que dizer de uma maça mordida? (Apple). É ou não o cúmulo da perfeição com simplicidade? No filme "Jobs", uma cena com o ator que interpreta Steve Jobs ilustra a simplicidade de como a marca foi criada. Uma revolução para a época. É tão boa que não precisa do nome para lembrar ao consumidor de qual marca se trata. E esta simplicidade deve servir de referência para o seu negócio. Muitas vezes, a grande *sacada* de um empreendimento ou da criação de uma Marca está na simplicidade; em algo que o consumidor vai assimilar rapidamente.

Em regra geral, o melhor é procurar ajuda de um profissional de comunicação visual, designer ou artista plástico. Vai depender do tipo de negócio e da mensagem que a empresa quer transmitir. A Marca é permanente e, por isso mesmo, importante demais para ser tratada de forma amadora.

Nós, aqui na **Vedas edições**, buscamos apoio no SEBRAE/PE para construir a imagem visual da Marca. Fomos aceitos no Programa SEBRAETEC e conseguimos uma empresa profissional a Grid Comunicação, onde o SEBRATEC entrou com 70% do investimento e a vedas edições com 30%.

Marcas famosas como Nike, Mercedes Benz, Coca Cola, Apple, Microsoft, Google, Mc Donald, Facebook, Amazon, investiram milhares de dólares para chegar ao patamar atual e continuam investindo. Mas se elas já chegaram ao topo, por que continuar investindo no fortalecimento da marca? Para não perder posição de liderança no mercado. Se o trabalho de posicionamento é brilhante, o planejamento e o marketing aplicados fluem na direção correta da diferenciação e dos resultados positivos.

"Posicionamento é a ação e projetar o produto e a imagem da empresa para ocupar um lugar diferenciado na mente do público-alvo". (Kotler, 2009).

1.2. Cuide bem do seu antigo cliente

Reconquistar antigos clientes custa mais caro do que mantê-los. Estudos da Associação Americana de Marketing (*American Marketing Association*) indicam que os custos de reconquistar clientes são "cinco vezes maiores do que investir na manutenção contínua em propaganda e publicidade". Ou seja, se você acha que sua empresa "chegou lá" e os seus clientes se manterão fidelizados *ad infinitum*, engana-se. Clientes são fidelizados, mas também volúveis, exigentes, sempre em busca da melhor oferta e do melhor custo-benefício.

Então, a orientação deste livro é "cuide bem do seu antigo cliente". Um dia ele vai embora e não volta. Vai entrar na loja ao lado (na concorrência digital do e-commerce esse movimento é ainda mais rápido) e será atendido por gerentes e funcionários (ou por uma Inteligência Artificial bem eficiente) mais simpáticos e capacitados.

Aquele antigo cliente que há anos o visitava será apresentado pelo seu concorrente a produtos funcionais, inovadores, de melhor qualidade e de custos totais mais justos. Terá à disposição ambientes mais acolhedores, mais seguros, com estacionamento gratuito e funcional. O cafezinho, os jornais, as acomodações, a iluminação, o pós-venda, tudo é melhor na empresa concorrente do que ele, o seu antigo cliente, recebia até então da empresa onde ele foi fiel por anos.

Isso no mundo digital pós-pandemia significa: logística melhor, segura, rápida. Pagamentos em ambiente digital protegido e garantido; imagens de produtos em 3D de excelente qualidade.

Para o empreendedor, numa analogia poética, perder o cliente fidelizado é como perder alguém que amamos, porque não demos o devido valor enquanto estava próximo coma crença de que "o amor vai estar sempre ali. Ele (a) nunca vai deixar de me amar". No entanto Vem outro(a) alguém e o/a leva, porque soube conquistá-lo(a) com palavras mais doces e sinceras. Vai ser mais difícil reconquistar este antigo amor, porque a decepção causa desconfiança e danos à relação entre ambos.

Se antigos amores se vão que dirá o cliente cuja relação é comercial? Ele vai à sua loja. Todos os colaboradores internos o conhecem e o cumprimentam. Ótimo. É pragmatismo de mercado. O cliente paga a conta. Então ele manda. Ele decide quando mudar.

Em algum momento os colaboradores se descuidam, porque o julgam conquistado. Na linguagem técnica do marketing, o julgam "fidelizado". Assim como o amor que trai, o cliente também. E sem peso na consciência e com ares de quem diz: "quem eles pensam que são para me tratar com desprezo? ".

Alguma coisa imperceptível naquela vista periódica que seu cliente fazia à sua loja física ou virtual o chateou e o fez pensar "não compro mais aqui". E pode realmente nunca mais fazê-lo ou ao menos reduzir a capacidade de consumo que faria ao longo dos anos. Guarde isso:

Quando uma empresa perde um cliente, perde as vendas que este cliente faria não longo da vida.

Os custos em trazê-lo de volta serão mais altos do que os investimentos que a empresa faria em publicidade, propaganda, comunicação, marketing, capacitação, tecnologia e todos os treinamentos para manter a qualidade de atendimento. O cliente tem a percepção de quando é único, acolhido. É isso que ele espera para ser fiel e dedicado ao seu negócio.

Da mesma forma como aquele amor que foi partiu e, antes de fechar a porta, lhe disse que você não o valorizava. Em suas diferenças, marketing e amor têm semelhanças.

A fidelização está ligada às ações de marketing, onde a máxima "o foco é o cliente" faz todo sentido. A primeira ação é capacitar o colaborador para atender ao cliente. Se os funcionários não estiverem prontos para "entender o cliente para atendê-lo melhor", não será possível oferecer o atendimento customizado que leva à fidelização.

No segmento de serviços – toda empresa é uma empresa de serviços, em maior ou menor escala – esta exigência é ainda maior. Empresas de serviços puros como cabeleireiros, transportes, taxistas, ensino, copiadoras, lanchonetes, entre outras que atuam basicamente com a prestação de serviços precisam se aperfeiçoar no atendimento ao cliente. Isso porque a avaliação sobre a qualidade da empresa vai se fixar mais no atendimento e menos no produto que, claro, deve ser de qualidade.

Exemplo: num salão de beleza a pontualidade, o horário marcado, o ambiente limpo e iluminado, os equipamentos modernos, as revistas atualizadas, o estacionamento e o receptivo pesam tanto quanto o corte do cabelo. E por que isso acontece? Porque na **percepção do consumidor** a entrega do resultado está no "conjunto das ações" e não apenas no resultado de um único serviço (o corte do cabelo).

É o que no marketing se denomina o "custo total para o cliente" reunindo o conjunto de custos importantes para o consumidor como tempo, atendimento, fila, empatia, atendimento, preço, entre outros. **O conjunto do esforço despendido pelo cliente para obter os serviços atua nesta percepção.**

Se o cliente é atendido rápido, de forma eficiente; se esperou pouco e havia revistas atualizadas para distraí-lo; água, ar condicionado, ambiente acolhedor e todos lhe foram simpáticos, este cliente tende a voltar, mesmo que o "corte de cabelo" não tenha lhe deixado 100% satisfeito.

Evidente que o ideal é **resultado do serviço** com o máximo de **qualidade** e **satisfação (encantamento).** A percepção do consumidor atua sobre o "conjunto da obra", não apenas pelo serviço executado. Se o cabelo ficou bom, mas todo o atendimento e acolhimento lhe parecem ruim, o cliente pode não voltar. É a equação: serviço prestado versus atendimento. A combinação de excelência de ambos é o resultado que todo empreendedor deve buscar.

Por isso, é preciso manter o foco no atendimento e na qualidade do produto/serviço. Este entendimento não deve ser apenas do "dono da bodega". O colaborador deve atuar neste sentido. E só o fará com algum treinamento. Muitas vezes, o empregado é jogado aos leões com um "te vira". Não dá para cobrar resultados mercadológicos de excelência no serviço e encantamento do cliente sem treinamento contínuo e obrigatório do colaborador. Afinal, é o seu negócio que está em jogo. Isso é mais caro que o emprego dele. Incentivos financeiros, estímulos criativos de ganhos adicionais costumam ter resultados positivos. Mas o ambiente de trabalho muitas vezes pode ser mais compensatório ao trabalhador do que uma verba extra. Ambientes pesados com chefes autoritários e ignorantes são desestimulantes.

Cuide de quem está na sua empresa. De quem lhe é fiel; de quem fala bem da sua empresa. Esta é a maior ferramenta de marketing: a publicidade boca a boca ou, agora, o *bit-to-bit.* Os comentários positivos nas redes sociais. Não há marketing que se mantenha se não há qualidade no atendimento e no produto. Lembre-se da frase: **"você pode enganar alguém durante algum tempo, mas não a todos durante o tempo inteiro".**

Se o seu colaborador fala mal da empresa onde trabalha, o que esperar do restante da humanidade?

1.3 Marketing de relacionamento

"Marketing é antes de tudo uma filosofia empresarial, uma atitude, uma orientação do negócio onde a satisfação do cliente é considerada o principal objetivo a ser cumprido". (Ribeiro; Fleury, 2010).

É um conceito simples e fácil de ser entendido. Esta atitude começa no mais alto posto da empresa e deve ser disseminada até o cargo hierárquico na base da pirâmide corporativa, onde todos atuam em busca da satisfação do cliente e para entender que esta relação não se extingue na venda do produto/serviço. Pelo contrário, o relacionamento começa a partir da entrega do bem ou serviço ou mesmo na sondagem que o cliente fez anteriormente para se informar sobre preço, qualidade e atendimento.

O consumidor brasileiro está cada vez mais exigente, porque o poder de compra e o crédito no Brasil aumentaram junto com a concorrência. Não apenas a concorrência interna, mas a externa vindas dos países da América do Sul, da Europa e, principalmente, da Ásia e da China com produtos bons e baratos. Aliado a isso, temos um consumidor bem informado, apoiado por órgãos de defesa como PROCON, Juizados de Pequenas Causas e associações formais de usuários que atuam como fiscalizadores nas relações de consumo. Isto é positivo, porque regula o nível da qualidade no atendimento e dos produtos. O respeito aos valores do consumidor e a ética nas relações de consumo devem ser parâmetros da filosofia corporativa nos negócios.

É preciso manter uma relação permanente e saudável no pós-compra; e é fácil fazê-lo. Temos instrumentos, tecnologia e ferramentas disponíveis para não perder o cliente de vista. Nem o antigo, nem os novos. Correios, redes sociais, internet, aplicativos em *smartphones*, plataformas digitais de comunicação, Inteligência artificial, mensagens de texto, telegramas, panfletos, malas diretas. São inúmeras as possiblidades de comunicação com seu público-alvo.

As datas comemorativas de aniversário, de festas, feriados, as novas coleções e as promoções da empresa, o lançamento de novos produtos e diversas outras possibilidades são deixas para mandar uma lembrancinha ao cliente de que sua empresa "existe e pensa nele".

Apenas é preciso bom senso para não ultrapassar o limite entre a empatia e a antipatia, entre o convidativo e o invasivo, entre a gentileza e o incômodo. Algumas empresas de telemarketing e operadoras de telefonia móvel sabem como atingir o limite deste incômodo ligando para os nossos telefones em horários e dias impróprios, oferecendo "pacotes" que não pedimos com seus gerundismos: *"vamos estar enviando... vamos estar transferindo..."*.

O "marketing do bem" não age assim. Aliás, vamos explicar de onde vem esta aberração gramatical (gerundismo) do telemarketing brasileiro: da tradução ao "pé da letra" dos manuais americanos que dizem *let's go sending* e *let's go transfering* (vamos estar enviando e vamos estar transferindo). A tradução correta para o português é "vamos enviar e vamos transferir", porque no português o verbo vai para o infinitivo e não para o gerúndio. Esta dica vale para a vida pessoal e profissional do empreendedor.

Para o vendedor, atendente, gerente, a recepcionista e qualquer área de atuação, guarde o conselho: esqueça o gerundismo. Isto tem a ver com marketing pessoal. A imagem que você passa para o mercado e para os seus públicos. Falar correto é um cartão de visitas positivo para a imagem do colaborador e da empresa. Aproveitando a deixa, vamos esclarecer que a sua empresa faz "entrega em domicílio", nunca "a domicílio". Preposição "Em" mais o artigo "o" = no domicílio.

Falar o português correto e atualizado pelas normas gramaticais é obrigação de todo empreendedor.

1.4 Olho do Dono

Nas relações de consumo, nas vendas em lojas, nas visitas e em todas as relações interpessoais ninguém quer ser atendido por pessoas mal-humoradas, mal informadas, malvestidas, com odores desagradáveis e outros inconvenientes que constranjam ou afastem o consumidor. Todo gestor deve estar atento aos detalhes no atendimento dos seus colaboradores aos clientes. Nem sempre é possível contar com o discernimento do empregado na aparência, assepsia, na linguagem adequada e no conjunto do comportamento funcional.

Porém, são estes os objetivos da Filosofia Corporativa do Marketing: incorporar em cada um dos colaboradores a conscientização do seu papel na organização para que o execute da melhor maneira. Mas o "olho do dono", aquele que "engorda o gado", deve estar sempre atento aos detalhes.

Em tempos de Pandemia / Covid 19 manter a barba bem-feita é questão de saúde pública. Os cabelos cortados, as roupas sóbrias e discretas (empresa não é baile de carnaval), a linguagem adequada (não pode ser chula, com gírias, palavrões ou intimidades que não existem nos ambientes corporativos e nas relações de consumo). Assédios morais e sexuais são motivos de advertências e penalidades.

Quando o dono deixa de se preocupar com os detalhes ou não repassa o olhar de gestor para alguém capacitado e de confiança, as mazelas costumam acontecer. Isto vale para os ambientes das lojas, escritórios, *home offices* ou qualquer lugar onde o cliente é atendido. É a forma de tangibilizar a percepção do cliente.

"Os clientes procuram maximizar o valor, dentro dos limites impostos pelos custos envolvidos na procura e pelas limitações de conhecimento, mobilidade e renda. Eles formam uma expectativa de valor e agem com base nela. A probabilidade de satisfação e repetição de compra depende de a oferta atender ou não a essa expectativa de valor".

(Kotler, 2009).

CAPÍTULO 2

2.1 A marca é o maior patrimônio de uma empresa

É preciso cuidar da marca como quem cuida de um filho. "Uma empresa começa a morrer quando envelhece e isso se torna perceptível ao mercado".

A percepção do envelhecimento de uma marca para o mercado é o segundo passo para o fim do negócio. O primeiro é a falta de credibilidade. A perda da credibilidade pode ser o fim de qualquer negócio. Recuperar a credibilidade custa caro e pode nunca acontecer.

Então, cuide de sua marca. E quem cuida melhor da marca do que o dono? Porém, dentro da organização a manutenção da marca é feita por cada um dos funcionários, que preferimos chamar de colaboradores, e que precisam estar em sintonia com as aspirações da empresa. Isso só vai acontecer se o corpo funcional estiver motivado.

Para isso, existe o **Endomarketing**, ferramenta motivacional para "o pessoal" se manter "esperto", comprometido, vigilante, atento aos detalhes, aos cuidados com cada cliente, à limpeza do ambiente, à ética nos negócios e nas negociações.

No meu livro * **"PLANEJAMENTO EM COMUNICAÇÃO INTERNA"** eu detalho o **Endomarketing** e outras ferramentas de comunicação interna para empresas.

disponível na Kindle Amazon

2.2 Logomarca

Renove a logomarca quando sentir necessidade. Pequenas alterações como afinar ou dar *movimento* aos traços. Modernizá-la junto com as atualizações de novos designs. Houve tempo que traço grosso ou letra grossa era o usual. Elas afinaram, ganharam inclinações para dar ideia de movimento e dinamismo.

Uma logomarca bem elaborada ajuda a conquistar a *fatia da mente* do consumidor, a criar diferencial e passar a percepção que sua empresa não envelheceu. Claro, há exceções como a dos palitos Gina que há mais de 50 anos mantém o mesmo padrão, mas isso é exceção, não é regra.

Para reflexão

Em geral, depois que uma marca começa a tropeçar no mercado ou desaparece totalmente, os especialistas comentam: "Toda marca tem o seu período de gloria. A tese é de que todas as marcas, de alguma forma, possuem vida limitada e não se pode esperar que sejam líderes para sempre. Outros afirmam que as marcas podem viver para sempre e que se sucesso no longo prazo depende das habilidades e dos insights dos profissionais de marketing envolvidos". (Kotler, 2009).

2.3 Consumidores são os novos proprietários da marca

Esta afirmação no título está no (ótimo) livro "Marketing 3.0", de Philip Kotler (Já temos o Marketing 4.0 e um segundo desdobramento deste). No capítulo 3, o mestre do marketing fundamenta o argumento: "Quando a missão da marca cria raízes na mente, no coração e no espírito dos consumidores, elas são os seus proprietários" (KOTLER, 2010).

A tríade "mente, coração e espírito" é o mantra do **Marketing 3.0**. Isto quer dizer conquistar o cliente não como apenas como consumidor em seu desejo de consumir, mas como "ser humano pleno", onde estão inseridos os seus valores morais, culturais e espirituais. É isso que está no mundo digital e que se fortalecerá no pós-pandemia Covid 19. A palavra mais ouvida durante a crise foi "Solidariedade". Isso é um valor humano que o consumidor observa nas Marcas. A sua empresa foi solidária durante a crise de saúde pública? O que ela faz pela sociedade? Como ela devolve à sociedade o que lhe é entregue em cada compra?

Em 2017, Kotler lançou a continuação no Marketing 4.0, onde avança sobre a nova realidade digital e os valores do ser humano pleno como a grande conquista para as marcas. Kotler determina a conectividade como o elo entre marcas e pessoas.

A ferramenta de comunicação de marketing se aperfeiçoou nos anos cinquenta nos Estados Unidos. Basicamente, atua em torno de três ações: Gestão do produto, Gestão de clientes e Gestão da marca.

Os conceitos evoluíram e esta evolução torna o marketing uma ferramenta importante (e fascinante) para o mundo corporativo. "A contínua adaptação dos conceitos de marketing a diferentes épocas da vida humana é o que o torna tão interessante". (KOTLER, 2010).

Breve Histórico do Marketing

O marketing surgiu com a industrialização no Século 19 na Inglaterra e nos Estados Unidos e era visto como mais uma entre as várias funções importantes de apoio à produção junto aos recursos humanos e às finanças. Foi criado o **Marketing 1.0**, onde o **produto** era o foco das ações mercadológicas. Uma frase de Henry Ford é emblemática "O carro pode ser de qualquer cor, desde que seja preto". Com isso, ele impunha a "produção de escala" para reduzir os custos do produto sem comprometer-se com os gostos dos consumidores.

Na evolução natural do processo mercadológico e da administração, surge o **Marketing 2.0** com foco na Segmentação de Mercado. O consumidor passa ser o foco das ações mercadológicas com as empresas interessadas em oferecer produtos diferenciados aos grupos público-alvo. Avança-se ao conceito de que consumidores têm gostos e desejos diferenciados e é preciso atendê-los. Este avanço está ligado ao modelo do marketing estratégico, da definição dos mercados alvo, do posicionamento e da segmentação.

2.4 Mix ou Composto de Marketing

A expressão Mix de Marketing foi criada nos anos 1950, por Neil Borden. Nos anos 1960 surge a Fórmula dos 4P's - Produto, Preço, Praça (Distribuição) e Promoção (Comunicação) - apresentada por Jerome McCarthy (KOTLER, 2010) e refere-se ao "grupo de variáveis controláveis de marketing que a empresa utiliza para produzir a resposta que deseja ao mercado-alvo e consiste em todas as ações da empresa com a intenção de influenciar a demanda do seu produto ou serviço".

Os 4P's evoluíram junto com a sociedade global. Vamos atualizá-los e adicionar "Pessoas" como o "5º P". Temos outros "Pês" que se juntam aos demais: opinião pública, poder político, processos industriais e comerciais, procedimentos.

O professor e consultor Conrado Adolpho (conradoadolpho.com.br) foi pioneiro no Brasil. Ele cunhou os "8P's do Marketing Digital": pesquisa, planejamento, produção, publicação, promoção, propagação, personalização, precisão. Publicou livro com este título e oferece aulas em seu site. Vale inscrever-se, assistir as aulas e aprender sobre este tema.

O mix de marketing indica o planejamento estratégico para a empresa: desenvolver o produto (*product*), determinar o preço (*price*), realizar a promoção (*promotion*) e definir os pontos (*place*) de distribuição. Durante algum tempo, nada mais era necessário do marketing além das decisões táticas.

Com a evolução da humanidade, das economias, a globalização, a abertura de novos mercados, o fim da guerra fria entre os dois blocos ideológicos entre EUA e extinta União Soviética (URSS), entre outros fatores sociais, econômicos e ambientais, o marketing se ampliou para uma ferramenta estratégica nas empresas.

2.5 Valor de Mercado

Como vemos, o marketing está em processo evolutivo, o que é ótimo pois acompanha a evolução do mercado, das novas tecnologias e das relações de consumo. O gestor deve estar sempre informado e atualizado sobre a economia local, nacional, internacional e sobre as questões políticas, ambientais e sociais no seu ambiente e fora dele. Acomodar-se é para os fracos.

Os gestores também devem estar antenados às inovações tecnológicas. Levá-las para dentro da empresa e incorporá-las à filosofia e às atitudes internas que possam oferecer mais valor ao mercado. Valor neste caso não se refere ao preço de um produto ou serviço, refere-se à percepção do consumidor sobre marca, produto, serviço, imagem, empresa, pessoa ou grupo. Este "valor" é variável de acordo com os diversos públicos segmentados.

A Coca-Cola pode ser um produto importante para um grupo e rejeitado por outro, mas certamente não é uma marca qualquer. A veterana cantora americana Madona ou a jovem e famosa brasileira Anitta são prestadora de serviços de entretenimento. Ambas têm valor de mercado para um segmento de consumidores e pouco valor para outro.

Ou seja, alguém está disposto a pagar pelos shows e pelo consumo das músicas, enquanto outro grupo não vai investir na aquisição de produtos e serviços relacionados a elas. Mas ambas não são "qualquer coisa". O faturamento é de milhões de reais e dólares em cachês de shows (categoria serviços) a produtos variados que envolve propaganda, disco, acessórios, roupas. Além e gerar renda e trabalho para centenas de pessoas. Existe mercado para onde escoar a produção a partir do Valor da Imagem dessas empreendedoras.

O objetivo de aumentar a **percepção de valor** da empresa no mercado está intrinsicamente ligado ao aumento do potencial de compra dos seus produtos. Um dos pilares do marketing, traçado pelo mestre da administração geral, Peter Drucker diz: **"O objetivo do marketing é tornar a venda supérflua. É conhecer e compreender o cliente tão bem que o produto ou serviço venda a si próprio".**

Levando para nossa saudável realidade e praticidade gerencial, a frase explica o porquê de os departamentos de vendas e de marketing atuarem separados nos organogramas das empresas. O marketing atua para fortalecer a imagem (estratégico de médio e longo prazo) para facilitar o trabalho da equipe de vendas (tático e de ação imediatista) junto aos clientes.

Confundir marketing com vendas é um erro. Marketing é aplicado nas estratégias de fortalecimento da marca, do produto, da empresa. As vendas são facilitadas (tornam-se supérfluas) pelas ações criadas pelo marketing.

É fácil perceber quando uma marca nos leva ao "padrão de qualidade". São anos de relacionamentos com o mercado e investimentos na imagem. Em tempos passados houve confusão entre marketing e vendas, onde o Planejamento Estratégico misturava-se ao Planejamento Tático. O marketing mal elaborado pensa no imediatismo das vendas sem planejar torna-lo contínuo. Perder uma venda para não oferecer produto ou serviço sem qualidade é mais interessante do que queimar a imagem para o futuro.

CAPÍTULO 3

3.1 Tangibilize o Intangível

Produtos são tangíveis, ou seja, o consumidor toca, experimenta, cheira, sente e avalia se quer leva-los ou não. Isso facilita a venda, afinal ele tem todas as facilidades para avaliar antes de consumir o que lhe é oferecido. Nos serviços isto não acontece, porque **Serviços são intangíveis**. Numa definição clássica: "Serviços são toda atividade ou benefício, em essencial intangível, que uma parte pode oferecer a outra e que não resulte na posse de algum bem". Esta característica traz desafios gerenciais para os negócios.

Como fazer o cliente ter confiança nos serviços que ofereço se ele não pode experimentar antes para saber se vai ou não gostar?

Quando o consumidor vai a um restaurante, ele não pode avaliar a comida até experimenta-la; ou se o táxi que ele pegou vai lhe oferecer uma viagem segura e confortável. Não dá para saber antes de consumir. É neste aspecto que o gestor deve tangibilizar o intangível.

E como se faz isso? Agregando aspectos tangíveis ao intangível. Aspectos que dão ao consumidor confiança prévia no serviço que lhe é oferecido. É fácil perceber como funciona isso com exemplos.

Vejamos no caso de **dois taxistas**: um tem a barba malfeita, usa roupa amassada, tem cara de sono e o carro é sujo e antigo. Ao lado deste há um taxista de boa aparência, vestido de maneira sóbria, e com um carro novo e limpo. Não é difícil saber qual dos dois inspira confiança na execução do serviço ainda não prestado. É a tangibilização do intangível. A gerar confiança na prestação do serviço ainda não prestado.

Outro exemplo: Dois restaurantes. Um é iluminado, vidros limpos, mesas arrumadas com toalhas limpas, garçons bem vestidos, cardápio visível sobre as mesas. Ao lado um estabelecimento escuro, paredes e mesas sujas, toalhas idem, garçons sem higiene pegando em dinheiro e a comida.

Em ambos os casos é interessante notar que há atributos que tangibilizam em maior ou menor escala os aspectos positivos na percepção do consumidor de acordo com a prestação do serviço oferecido.

3.2 Características dos serviços

Os serviços têm características distintas:

Variáveis, **Inseparáveis,** **Perecíveis,** **Intangíveis**.

Vejamos detalhadamente quais as características de cada uma delas e como servem para aplica-las, na prática, aos negócios:

3.2.1 Variáveis

Serviços não são padronizados, porque são executados por pessoas e o ser humano não é uma máquina em que se aperta o botão e o produto sai pronto, sempre do mesmo jeito. Esta característica humana reflete em performances diferentes, de acordo com as mudanças de sentimentos, emoções e humor dos executores dos serviços que reflete na qualidade do resultado final.

Resumo

Os serviços são menos padronizados ou uniformes que os produtos, porque são executados por seres humanos e as suas variações naturais de sentimentos.

3.2.2. Inseparáveis

Nos Serviços, a produção e o consumo ocorrem simultaneamente.

A corrida de táxi é a produção e a utilização do serviço é o consumo. Tudo acontece ao mesmo tempo, produção e consumo. Aulas; transportes de ônibus, avião; academia de ginástica; atendimento médico, entre outros.

Isto quer dizer que os clientes são parte do processo de produção e a qualidade do serviço prestado, em maior ou menor escala, depende tanto do fornecedor, quanto do cliente. Esta influência do consumidor no processo de produção varia de acordo com o tipo de serviço prestado.

O resultado de um projeto de arquitetura pode não ser o esperado devido às interferências do cliente sobre o trabalho do arquiteto (que amarra o burro, onde o burro do dono manda). Um dentista pode ter o seu trabalho prejudicado, porque o paciente não se comporta durante o tratamento dentário ou o professor que não consegue dar aula, porque a "turma não deixa".

3.2.3. Perecíveis

Serviços são perecíveis porque não é possível armazena-los. Um quarto de hotel vago é uma diária perdida. Um assento vago num avião é uma viagem perdida, um cliente a menos cuja receita não é possível recuperar. Não é possível estocar serviços como fazemos com produtos.

Este é um desafio gerencial de quem atua no setor de turismo, por exemplo. A sazonalidade impõe variáveis de demanda e é preciso ter estratégias para lidar com ela. Promoções, publicidade, bônus e, principalmente, a fidelidade do cliente de seu negócio podem ajuda-lo em tempos de baixa temporada.

3.2.4. Intangíveis

Como vimos serviços não podem ser experimentados – sentidos, ouvidos, provados ou cheirados - antes de serem consumidos da mesma forma que se faz com produtos. Nos serviços, os benefícios vêm da natureza da realização.

É preciso oferecer ao cliente a oportunidade de sentir-se seguro ao que vai consumir para reduzir a "escuridão" da experiência. Tangibilizar qualidade é a melhor estratégia. Não é à toa que médicos e demais profissionais da saúde se utilizam de diplomas e certificados na parede e sobre a mesa.

3.3 Gestão de Serviços

Serviços impõem importantes desafios gerenciai, pois o êxito depende da "natureza da realização" para oferecer aumentar a percepção do consumidor sobre a qualidade. Mas é este desafio que cria a oportunidade de se diferenciar no concorrido mercado. Superar as características e oferecer o melhor atendimento ao seu público-alvo é a única maneira de o seu concorrente não alcança-lo. Qualquer produto pode ser copiado e colocado no mercado, mas o atendimento customizado não.

A forma como o consumidor é atendido por sua empresa é única, para o bem ou para o mal. Esperamos que seja para o bem do cliente e o seu próprio.

Como gerenciar serviços?

Criando elementos que tangibilizem esta percepção e superem estas características inerentes aos serviços. Para cada tipo de negócio, uma ou mais característica tem peso maior para o consumidor, assim como os atributos. No caso de estabelecimentos que atuam com alimentação, hospedagem e saúde, a higiene tem peso maior no aumento da percepção do consumidor e, consequentemente, para o êxito ou fracasso do negócio.

Se o gestor administra este item de forma correta e consegue passar ao mercado a percepção de ambiente limpo, higiênico, tangibilizando esses atributos com certificados da fiscalização de órgãos de vigilância sanitária, o consumidor sente-se seguro a utilizar os serviços desta empresa e não os da concorrência. No setor de transportes – ônibus, táxis, empresas aéreas – a segurança e o conforto têm pesos maiores. Para uma companhia aérea, a queda de um avião atinge o relevante aspecto da segurança. O ranking de empresa com menos acidentes é um atributo. O conforto do espaço entre poltronas, refeições a bordo e outros itens são importantes para os clientes.

O tapete vermelho da TAM é um mimo criado pelo Capitão Rolim para dizer ao cliente "o quanto ele é importante para a empresa". Um diferencial de mercado que nenhuma outra ousou copiar. A TAM, neste caso, saiu na frente com uma ideia genial e tão customizada que seria tolice outra fazer igual, pois remeteria à imagem da concorrente.

Num consultório médico, os diplomas de cursos e congressos oferecem garantias ao paciente que entrega sua vida nas mãos e conhecimentos do profissional da sensível área de saúde. Então, dependendo do tipo de negócio é preciso ressaltar os atributos específicos que farão o cliente decidir entre a sua oferta e não a do concorrente.

É preciso definir então os fatores mais relevantes em cada negócio e investir em:

3.3.1 - Proposta de Valor

O posicionamento da empresa diante das promessas ao mercado, os benefícios entregues ao público-alvo definido e o cumprimento dessas promessas. Empresa que promete mais do que pode cumprir, perde a credibilidade. Só prometa o que pode entregar e prefira prometer menos e entregar mais. Surpreenda seu cliente. Deixe-o feliz, encantado.

3.3.2 - Gestão de Processos ou Procedimentos

Padrões bem definidos de desempenho minimizam erros, reduzem custos e aumentam a percepção do consumidor. Homens não são robôs, nem máquinas, mas a forma como os serviços são executados devem ter um padrão estabelecido com medidas, pesos, horários, temperaturas, locais, enfim, tudo o que envolve a produção do serviço. Ao seguir à risca o manual, a possiblidade de erros é minimizada.

3.3.3 - Gestão de Recursos Humanos

Fatores motivacionais dos colaboradores integrados numa mesma filosofia empresarial. Seu colaborador é o melhor divulgador de sua empresa. Se ele está insatisfeito, vai falar mal dela, vai tratar mal ou ser indiferente com seu cliente. (tanto faz para ele). O marketing empresarial deve ser uma mão de via dupla de cima para baixo, de baixo para cima. Horizontal. Um colaborador é motivado não apenas por dinheiro. Fatores como ambiente, colegas, chefes, oportunidade de crescimento, flexibilidade de horários e segurança são levados em conta para motiva-lo a ser feliz no trabalho. Isso não tem preço para a empresa.

CAPÍTULO 4

4.1 Comunicação Integrada: Marketing, Institucional e Interna

É a união planejada de todas as formas de comunicação de uma empresa. A comunicação na organização pode existir de forma organizada ou desorganizada, ou seja, usando uma política de comunicação planejada ou se utilizando de "achismos" para executar as tarefas sem planejamento (ações fragmentadas).

4.1.1 Comunicação de marketing

Técnicas de comunicação com objetivos mercadológicos de estímulo à demanda para determinado produto ou serviço. A principal meta na busca dos resultados é a demanda e o consequente aumento dos lucros da empresa, mas quando falamos de marketing, não falando de vendas imediatas.

Atrelada a esta realidade está o encantamento do cliente, um nível acima da satisfação do cliente, a conquista eterna da fidelização. Utilizar as ferramentas do marketing é tornar o esforço da venda supérfluo ao identificar e satisfazer as necessidades e os desejos dos consumidores, cuidando da imagem e orientando para novos mercados.

Quando o vendedor vai ao cliente deve encontrá-lo receptivo pelas ações que o marketing preparou antecipadamente por meio de promoções, divulgação e no fortalecimento da imagem da empresa, do produto e da marca.

4.1.2 Comunicação Institucional

Oferece ferramentas de comunicação com o mercado para fortalecer a marca ou a imagem da empresa com objetivos de transmitir ideias, conceitos, preferências, posicionamentos sobre assuntos específicos e outras possibilidades.

A meta é fortalecer a imagem corporativa diante do mercado, da sociedade, dos seus fornecedores, clientes internos e consumidores. A propaganda ou a publicidade institucional não tem objetivos mercadológicos em sua essência. Os resultados financeiros vêm a médio e longo prazo baseados na solidez da confiança do consumidor pela empresa.

Marca que virou produto

Temos exemplos de marcas que conquistaram a "fatia da mente" do consumidor: Apple (a marca mais valiosa do mundo), Coca-Cola, Nike, Unilever, IBM, Microsoft, Xerox, Google, Gillete, Modess, Ipad, Maisena, Bombril, entre outras. Algumas dessas marcas viraram sinônimos para produtos como amido de milho (Maisena), lâmina de barbear (Gillete), absorvente íntimo (Modess), palha de aço (Bombril), copiadora (Xerox) e o produto mais recente, o tablet, que muitos chamam de Ipad. Quer publicidade mais perfeita?

O investimento na comunicação institucional não deve ser visto como algo imediatista. Ele não manda a mensagem do "compre já". Pelo contrário, as mensagens institucionais criam relações duradouras ao longo do tempo com o consumidor à medida que a marca gera confiança em suas ações sociais, ambientais e econômicas, em sua política de preços e de atendimento ao cliente.

Isto inclui resolver pendências pós-compras, hoje um dos gargalos das empresas que desabona a imagem de qualquer marca. Os serviços das operadoras de telefonia móvel estão aí como exemplo de como não agir com os consumidores. A mensuração deste mau atendimento se faz pelo número de ações nos órgãos de defesa do consumidor.

4.1.4 Comunicação Interna

Tem objetivos de melhoria e aperfeiçoamento no fluxo de comunicação interna da empresa. A importância desta ação reflete na comunicação entre os departamentos e nas relações interpessoais.

Esse benefício traz resultados para a empresa à medida que os colaboradores internos da empresa se comunicam melhor e transmitem essa percepção ao mercado no atendimento ao cliente, no cumprimento das promessas e prazos e no relacionamento com fornecedores.

A comunicação interna atua junto ao endomarketing com objetivos diferentes, mas em busca de resultados únicos que é a satisfação ao cliente e fortalecimento da imagem da empresa para o mercado.

4.2 Como colocar em prática?

O ideal é contratar um profissional ou uma agência de recursos humanos, relações públicas, de comunicação ou publicidade. Os custos aumentam, mas os resultados costumam ser eficazes e acabam compensando.

Criatividade e conhecimento dos meios e das mensagens são importantes para evitar erros e reduzir custos operacionais. Por isso, ter um profissional ajuda a direcionar a propaganda e a publicidade aos caminhos certos que a levem ao consumidor e aos resultados esperados.

Se o fizer por conta própria, certifique-se de realizar um ótimo planejamento antes de executar as ações. É melhor dispensar mais tempo ao planejamento do que cometer erros e não ter como consertá-los depois que a campanha estiver nas ruas. Tempo e recursos são gastos com riscos de não se obter os resultados esperados, muitas vezes por amadorismo, ansiedade ou pela falsa economia na escolha das mídias.

Basicamente, o gestor deve ter um diagnóstico verossímil do próprio negócio e aplicar as técnicas a partir de sua realidade e de acordo com a sua disponibilidade financeira. O problema é que alguns gestores não compreendem a comunicação do seu negócio como investimento e atrelam o orçamento ao sabor do oportunismo ou da emergência.

Profissionais comumente são chamados para "apagar incêndios" na comunicação com a sociedade por meio da imprensa. Promoções são feitas apenas por razões específicas como um evento ou a abertura de uma nova loja e no restante do ano deixam a sua empresa escondida para "não gastar", sem compreender que para obter resultados sólidos na percepção da imagem ao mercado, a comunicação com a sociedade e os seus públicos alvos deve ser permanente.

4.3 Planejamento Estratégico de Promoção

Uma das dificuldades enfrentadas pelos gestores na hora de investir em promoção está na definição do quanto investir. É uma decisão difícil e não existe uma fórmula única. Indicamos alguns caminhos para ajudar nesta decisão.

A seguir, quatro possibilidades a serem adotadas:

4.3.1 Disponibilidade de recursos

Receita total da empresa, menos os custos operacionais e de capital. O que sobrar investe-se em promoção. Problema: nunca se sabe quanto vai ter para investir.

4.3.2 Percentual de vendas

Percentual do faturamento para investir. Define-se um percentual fixo sobre o faturamento. Problema: vai se investir menos quando se fatura menos. Talvez quando se está ganhando menos, seja a hora de investir mais em publicidade. Contingenciamento dos recursos pode resolver.

4.3.3 Paridade com concorrentes

Paridade com concorrentes. A empresa segue a concorrência: quando esta investe, a empresa "corre atrás" para igualar a exposição. Parece uma ideia ruim. E é. Planejamento se faz dentro da empresa.

4.3.4 Objetivo-Tarefa ou Metas e Execuções

Objetivo-tarefa: planejamento e busca de resultados. Parece ser a melhor metodologia de planejamento. Define-se um montante para o ano seguinte e faz-se um planejamento mensal de quanto e como gastar com publicidade, propaganda, comunicação, ações de marketing. A segurança de saber antecipadamente de quanto a empresa dispõe para investir, permite ao profissional de marketing fechar contratos anuais e, assim, economizar e otimizar os recursos.

Resumo

No primeiro item, a empresa investe o que "julga poder gastar" em promoções. Este método começa com a receita total da empresa, deduzindo os custos operacionais e de capital e o que sobrar investe em promoção. É difícil manter um planejamento sem saber quanto se pode investir.

No segundo, fixa-se um percentual do faturamento para investir. É um bom método, mas se as vendas caírem, os investimentos caem juntos e quando o mercado está desaquecido é a hora que mais a empresa precisa aparecer para o consumidor.

No terceiro item, a paridade com concorrentes, a empresa "corre atrás" do que a concorrência está fazendo, onde está anunciando, investindo em promoção e segue os passos. Francamente, não existem fundamentos para que a concorrência saiba melhor do que a própria empresa quanto e onde investir. Empresas, mesmo que de um mesmo segmento, tem demandas diferentes.

A última opção o objetivo-tarefa é a mais racional, porque parte do princípio do planejamento estratégico, definindo os objetivos específicos, a determinação de tarefas necessárias para atingir esses objetivos mercadológicos e organiza a estimativa de custos da execução dessas tarefas.

Fazer um planejamento de ações para o ano seguinte, definindo mês a mês quanto gastar e onde (meio e mensagem) reduz custos financeiros e de tempo com contratos anuais com rádios, assessorias de imprensa, mídias eletrônicas entre outras possibilidades.

Um planejamento é flexível. Pode e deve variar durante a execução. Não é porque algo foi planejado que não pode ser mudado. O mercado é dinâmico, as oportunidades mudam; a tecnologia, as possibilidades, enfim. Traçado o plano siga-o, ajustando-o às demandas, às mudanças econômicas e ao mercado.

CAPÍTULO 5

5.1 Expectativa X Desempenho

Se a expectativa do consumidor diante de determinado produto ou serviço ficar abaixo do desempenho do prometido pelo comerciante ou fabricante, naturalmente vai gerar uma insatisfação.

Se a expectativa se iguala ao desempenho gera uma satisfação. Mas se a expectativa do consumidor é grande e o desempenho do produto vai além do que ele esperava, ficará encantado e, naturalmente, fidelizado.

Esta fidelização o inclinará a repetir o ato de compra daquele produto ou serviço ou o retorno àquela loja. Pode reverberar em redes sociais e na publicidade boca-a-boca, a mais eficaz de todas as divulgações.

Costumo usar em sala de aula uma equação simples para explicar de forma resumida estes objetivos:

Expectativa > Desempenho = Insatisfação

Expectativa = Desempenho = Satisfação

Expectativa < Desempenho = Encantamento

5.2 Propaganda e Publicidade

Importante entender a definição conceitual sobre propaganda e publicidade. Por definição acadêmica, propaganda é "toda e qualquer forma paga de apresentação e promoção não pessoal de ideias, produtos ou serviços, realizada por um patrocinador identificado"; e publicidade "aplica-se a atividades para promover uma empresa, seus produtos, pela inserção de notícias gratuitas na mídia" (TAVARES, 2010).

Em resumo: propaganda é o espaço comprado (pago) por alguém ou empresa em alguma mídia (outbus, outdoor, display, anúncio em rádio, jornal, TV, redes sociais e similares) e publicidade é o espaço não comprado ou a mídia espontânea, ou seja, é a ferramenta que faz a sua empresa aparecer para o mercado sem a necessidade de comprar espaço em veículos de comunicação ou mídias diversas.

O espaço na mídia é conquistado, porque a sua empresa gerou alguma "notícia de interesse social" e a função social do jornalismo é publicizar tudo o que é de interesse público. Para isso, claro, sua empresa terá que produzir a notícia, algo como um programa social, uma ação de responsabilidade ambiental ou a promoção da palestra de alguém relevante. A assessoria de imprensa, em geral formada por jornalistas, tem know how para saber o que é notícia e enviar como "sugestão de pauta" para veículos de comunicação.

"Com a perda da credibilidade da propaganda no mercado atual, a publicidade gratuita e sem assinatura passa a ser umas das melhores ferramentas de comunicação para as empresas". (TAVARES, 2010).

5.3 A credibilidade da mídia espontânea

Investir em publicidade ou em mídia espontânea é apostar na credibilidade que sua marca oferece ao mercado. Mas esta é uma credibilidade que precisa ser real. "Pode-se enganar algumas pessoas durante algum tempo, mas não a todos durante todo o tempo".

Esta premissa é a base para se formar opinião em torno de seu produto, sua marca ou sua empresa. A promessa da entrega de valor que sua empresa faz ao mercado precisa ser verdadeira. Então, nunca prometa mais do que possa cumprir. Prometa menos e ofereça mais, assim a percepção do consumidor sobre sua marca aumentará junto com a satisfação de ter sido atendido além de sua expectativa.

Uma ideia surgida durante uma aula serviu para uma ação de marketing de duas alunas empreendedoras para criar publicidade para os negócios de ambas. Elas realizaram um evento de moda numa cidade litorânea. Cada uma dentro do seu ramo de atividade, mas convergentes, se uniram. Uma produz bijuterias no atelier caseiro, outra tem loja de roupas num balneário turístico.

Elas juntaram forças para organizar desfile com modelos – homens, mulheres e crianças - usando as roupas e as bijuterias. Fizeram o evento num final de tarde de sábado, no verão, com o balneário cheio de turistas e pessoas da cidade: os clientes novos e os "da casa". Contrataram um DJ (na verdade um amigo que nada cobrou) para tocar e duas outras pessoas, também conhecidas sem custo, com um notebook e uma máquina fotográfica postando fotos e vídeos em tempo real nas redes sociais.

O evento gerou publicidade gratuita nas redes sociais, no boca-a-boca, nos jornais e rádios locais, porque a notícia virou um "happening", um "acontecimento social" no balneário. Para a imprensa, um evento para virar notícia é medido pelo público que ele atrai e pela repercussão que causa.

O investimento em propaganda foi mínimo, apenas alguns cartazes e panfletos, distribuídos duas semanas antes do desfile para iniciar o comentário boca-a-boca. Deram entrevista em rádios e usaram as redes sociais para convidar o público. A ideia criativa e simples ajudou a divulgar os produtos sem gastar muito, gerou fatos novos, comentários, fortaleceu as marcas e os bons resultados vieram após o evento.

5.4 E como se faz isso?

Antes de seguir com as orientações sobre a operacionalidade das ferramentas é preciso contextualizar o atual estágio da propaganda e da publicidade. A propaganda tem perdido credibilidade para a mídia espontânea justamente porque é paga. É fácil entender o motivo.

Se a sua empresa tem dinheiro, compra espaço na mídia e coloca qualquer coisa que queira. Inclusive mentiras como, por exemplo, um ator famoso dizendo que usa tal pasta de dente, usa tal perfume ou uma apresentadora recomendando tal hidratante ou usando determinado xampu. O consumidor tem consciência que ambos não usam aqueles produtos, mas a força da imagem das pessoas famosas e a o carinho do público por elas, obviamente, vende o produto.

Mas a sociedade é dinâmica, o consumidor é mais atento e consciente do que décadas atrás, quando a propaganda se encarregava de oferecer produtos sem tantas preocupações com as repercussões. Não existia a internet e as redes sociais replicando reclamações para milhares de consumidores. O cuidado das empresas está em evitar repercussão negativa de sua marca ou da qualidade do seu produto. Essas repercussões podem fazer estrago em trabalhos anteriores de marketing.

Gerar comentários positivos nas redes sociais – universo de milhões de usuários – é o grande objetivo e, para isso, precisamos investir naquilo que falamos no Capítulo 1.3, o marketing de relacionamento. Quanto mais a sua empresa se relacionar com este universo digital na comunicação muitos-para-muitos, uma relação horizontal de respeito mútuo entre empresa e consumidor, maior serão os seus resultados. Quanto mais tempo a sua empresa se mantém sem cometer erros, mais forte a marca se torna, mais simples e barato será realizar negócios on-line e também fora do mundo digital.

CAPÍTULO 6

6.1 Endomarketing: mantenha motivado os seus colaboradores

Endomarketing é o marketing voltado para dentro da empresa, executado pelos departamentos de marketing e de recursos humanos. O conceito diz: "são ações de marketing eticamente dirigidas ao público interno das organizações e empresas focadas no lucro, das organizações não lucrativas e governamentais e das do terceiro setor, observando condutas de responsabilidade comunitária e ambiental" (BEKIN, 2004). Ainda: "Endomarketing são ações de marketing para o público interno – funcionários – das empresas e organizações". (BEKIN, 1995).

A execução envolve atividades diversas como diagnóstico, pesquisas, entrevistas, eventos, reuniões, palestras, atividades lúdicas, entre outras ações com objetivos de gerar motivação nos colaboradores internos. As ações precisam ser contínuas, planejadas e executadas ao longo do ano. À medida que a empresa motiva o funcionário, ele torna-se proativo e desempenha melhor suas tarefas.

6.2. Como programar o endomarketing na empresa

6.2.1 – Avaliação Interna

Diagnóstico por meio de pesquisa informal (avaliação nos departamentos do nível de qualidade da comunicação interna) e de pesquisa formal (questionário aplicado aos funcionários).

Deve abranger

a –   Nível de integração entre funcionários;

b –   Nível de integração entre departamentos;

c -   Nível de integração e relacionamento com clientes da empresa;

d –   Perfil de funcionários: potencial, imagem que eles tem da empresa, necessidades, expectativas, desejos, aspirações, grau de motivação, etc;

e –   Qualidade e quantidade de canais internos de comunicação.

2 – Tabulação

Análise de dados/informações

Relatório final – base para a tomada das decisões em relação aos problemas a serem resolvidos ou questões a serem melhoradas.

3 - Plano de Ação (implementação)

Elaborar atividades de acordo com as necessidades de cada departamento:

-   Planos de carreira;

-   Cargos e salários;

-   Remanejamento de pessoas;

-   Identificação de talentos;

-   Traçar perfis que ajudará o RH em seleções futuras;

4 – Controle e Avaliação

Avaliação deve ser realizada em reuniões periódicas entre consultoria e empresa e público interno. Esta etapa deve conter:

Indicadores de desempenho; Pessoas responsáveis pela avaliação; Tempo de avaliação.

5 – Investimento: orçamento das ações de endomarketing

Custo operacional das ações dos itens anteriores

PS. o endomarketing deve ser planejado e executado em parceria com o departamento de marketing e o RH.

CAPÍTULO 7

7.1. Invista em tecnologia e em novas ferramentas de comunicação

Sim, parece um bom negócio ter página no Facebook, Instagram, WhatsApp business, Twitter, página no Google Mais, Skype; ainda: blog, site, entre outras possibilidades que existem e que irão surgir ao longo dos próximos anos. O custo baixo seria a principal vantagem, mas esta ação deve vir agregada a uma estratégia de comunicação e marketing digital.

A empresa deve estar preparada para lidar com a relação muitos-para-muitos (relação horizontal) entre usuários de rede, onde a empresa faz parte desta rede de contatos (não é um ser à parte) e, portanto, está sujeita às críticas e também aos elogios. Em ambos os casos é preciso saber se portar.

Nas redes sociais, a empresa está exposta a riscos e benesses, ganhos e perdas. Ou seja, faça um comentário errado, escorregue numa conversa, perca a cabeça por uma reclamação e veja todos se posicionarem contra a sua empresa. Em regra geral, a empresa é vilã e o usuário-consumidor o herói.

Aconselho levar sua empresa para as redes sociais, mas com planejamento de como, quando, o que, quem, porque e onde agir. As redes sociais são um grande negócio, mas diversos gestores não a utilizam em sua potencialidade. Uns erram, outros colhem frutos. Melhor estar no grupo que acerta.

As redes sociais têm peculiaridades. Não podem ser vistas apenas como publicidade. Não dá para pensar: "esta é a nossa página no facebook e vamos bombardear com as mesmas mensagens da TV".

Os usuários vão detestá-la. No espaço digital, nada se perde. É mais do que "marketing online". Se a empresa pensar apenas numa forma de anunciar, não vai prosperar. As redes sociais exigem menos marketing e mais diálogo.

7.2 Redes sociais e canais digitais como ferramentas de comunicação corporativa

As principais redes sociais atuais disponíveis são Facebook, Twitter, Linkedin, Instagram, Flicker, Tumblr, outras. Estes três últimos especializados em fotografias. Em algum tempo no passado recente, o Myspace era a mídia social voltada para a música e reunia todas as bandas e artistas do planeta. Pense em alguma banda, cantor ou cantora e estava com músicas, fotos, agenda de show e histórico da carreira. O Spotfy roubou a cena junto com outras mídias. É assim o mundo digital.

O Linkedin é uma rede voltada para profissionais e ao mercado de trabalho, onde o usuário pode dispor o currículo e manter relacionamentos voltados à vida profissional.

O Twitter é um micro blog informativo, onde o usuário se comunica em pouco mais de 140 caracteres para cada informação postada. É uma ferramenta utilizada por diversos segmentos, desde grandes grupos corporativos, artistas, políticos e pessoas comuns. Toda a imprensa participa com notícias antecedendo os jornais do dia seguinte e o noticiário da noite. Hoje, é o veículo de comunicação mais rápido, superando as rádios.

O presidente americano Barack Obama e o escritor Paulo Coelho fazem parte desta rede e você pode "segui-los" (follow), acompanhar as informações que eles publicam e, se der sorte, ter um post seu replicado (retweeter). As empresas utilizam o Twitter como um canal de comunicação – SAC - com os consumidores que dão sugestões e criticam os estabelecimentos, quando se sentem ofendidos por algum ocorrido.

Então, você deve pensar: bem, não quero expor minha empresa. O problema é que sua empresa vai estar lá, você queira ou não. A internet e as suas redes sociais são ambientes livres e democráticos. Os consumidores vão falar de sua empresa, para o bem ou para o mal. A questão é se você vai dar as costas para a conversa ou vai fazer parte dela, participando da comunicação muitos-para-muitos, onde o seu negócio está inserido.

O combalido Orkut, uma febre que passou no Brasil, foi extinto ainda com alguns milhares de usuários e um razoável espaço para divulgar os negócios. Já o Facebook é hoje a rede social mais famosa do planeta junto com o Instagram. Não por acaso, ambos pertencem ao mesmo dono, o bilionário Mark Zuckerberg.

São mais milhões de usuários se comunicando em uma única plataforma que possui espaços criados para este fim. É interessante quando vemos a missão do Facebook: "Oferecer a rede de relacionamentos sociais como uma plataforma de negócios".

O idealizador desde o início percebeu que a rede deveria ir além dos contatos pessoais. Ela precisaria servir também para negócios. É mais fácil encontrar empresas que estão nesta plataforma do que fora dela. Os negócios realizados nas redes sociais são chamados de s-comerce.

Já o e-comerce são sites de compras onde o consumidor compra produtos no conforto da tela de um computador, vê as fotos dos produtos, lê postagens de consumidores que tiveram boas ou más experiências (tangibilização da confiança e segurança), paga com cartão de crédito, boleto bancário e outros sistemas de pagamento. É uma loja sem espaço físico ou varejo sem loja.

É um negócio em franca ascensão, apesar dos inevitáveis problemas que acabam contaminando a confiança neste tipo de negócio. A maior parte dos problemas ocorre em relação a prazos de entregas, produtos, garantias e devolução causados por empresas mal estruturadas ou que agem de má-fé. Antes de montar seu e-comerce é importante estruturar o setor que vai cuidar da distribuição. Fechar uma boa parceria com empresas que façam as entregas, pagar percentuais e manter a sua marca com a imagem em dia com o mercado. É assim que o relacionamento com o mercado se estabelece.

Para minimizar os efeitos negativos, os órgãos de fiscalização oferecem listas de sites de comércio eletrônico não recomendado aos consumidores. O Procon do estado de São Paulo mantém uma lista dessas. O endereço é procon.sp.gov.br.

Pesquisa (tabela) divulgada pela CDN Comunicação Corporativa (grupocdn.com.br ou blogmidia8.com) sobre o uso corporativo das redes sociais no Brasil.

Perceba que mais da metade das empresas (60%) estão dentro do jogo e que os principais motivos são o gerenciamento da marca (89% e 76%, respectivamente facebook e twitter) e para manter canais de comunicação com consumidor (80% e 84%, idem).

Ainda, que as mídias sócias ocupam o 4º lugar como fontes confiáveis de informação sobre negócios, mercado e empresas; e apenas 11% veem as redes sociais como canais não confiáveis.

Veja tabela:

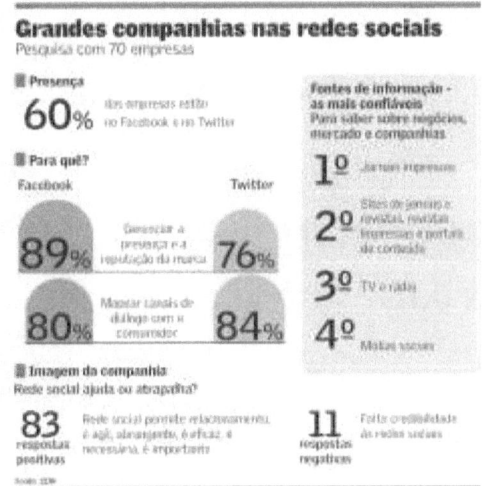

7.3 Lições dos Campeões do Facebook

(fonte: administradores.com)

O que a estratégia de comunicação das empresas mais curtidas no Facebook tem a ensinar:

1 – Facebook (mais de 82.687.000 curtidas). O público das *funpages* é necessariamente genérico. Mantenha as mensagens simples. Use sua página para esclarecer didaticamente os aspectos mais complexos e desafiadores do seu produto ou serviço.

2 – Coca-Cola (mais de 55.118.000 curtidas). Em vez de simplesmente vender, vender, vender, você pode conquistar ainda mais fãs contando a eles as coisas boas que sua empresa faz.

3 – MTV (mais de 39.633.000 curtidas). A página no Facebook pode ser bem sucedida mesmo cobrindo uma gama variada de assuntos, desde que reflitam o interesse de seus públicos.

CAPÍTULO 8

8.1 Pesquisa e Análise de Mercado

Um setor importante no Planejamento das Estratégias de Marketing e Comunicação a ser considerado é a pesquisa e análise mercadológica. É entender como o mercado funciona e para onde está se movimentando. O sistema de pesquisa sistemática permite que o profissional de marketing monitore os rumos que o mercado e os consumidores estão seguindo. Antecipar-se é colocar o produto certo no momento exato ao público de interesse.

O resultado das pesquisas com consumidores permite minimizar erros, acertar decisões e executar ações com base em dados e informações assertivas com menos "achismos". A função da pesquisa de marketing é conhecer todos os elementos que se relacionam com a variação mercadológica a partir do meio do levantamento de dados que forneçam subsídios sobre as seguintes áreas:

a. produto;

b. vendas;

c. publicidade;

d. distribuição;

e. promoções;

f. mercado consumidor.

Pelos dados da pesquisa é possível se entender o consumidor, descobrir as suas reações, como conquistá-lo e motivá-lo. Revelam-se as suas necessidades e o seu comportamento de compra, testa-se a eficácia dos canais de distribuição e se averigua a penetração da comunicação da empresa, marca ou produto no mercado.

Em relação ao produto em si, os dados da pesquisa revelam subsídios para entender possíveis resistências ou aceitações em torno da embalagem e cor, do formato e preço, enfim de todo um conjunto de fenômenos que afetam a operação do gerenciamento de produto.

A pesquisa pode ter um enfoque delimitado de acordo com as necessidades envolvidas no processo mercadológico.

Os problemas que se encontram no âmago deste processo podem ser:

8.1.1 – Identificação do consumidor

a- Embalagem;

b- Cor;

c- Formato;

d- Tamanho;

e- Nome;

f- Performance.

8.1.2 – Canais de distribuição

a- Atacadistas;

b- Distribuidores;

c- pontos de vendas;

d- venda direta do produtor ao consumidor final;

e- veículos de distribuição;

8.1.3 - Força de venda.

a- Motivação de equipes / colaboradores;

b- Estimativas e cotas;

c- Zoneamento.

8.1.4   - Consumidor final

a- Condição sócio econômica;

b- Cultura;

c- Hábitos;

d- Necessidades básicas;

e- Averiguação de inclinações;

f- Preferencias e disposições.

8.1.5   – Mídia

a- Rádio, jornal, revista, televisão, outdoor, etc;

b- Custos de inserção;

c- Características do receptor;

d- Audiência.

8.1.6 - Pesquisa psicológica

   a- Hábitos;

   b- Resistências;

   c- Motivações;

   d- Imagem (marca, empresa, produto, serviço);

   e- Atitudes.

8.2 Pesquisas são um norte, não uma ordem.

A pesquisa de marketing ou mercadológica deve ser utilizada como uma ferramenta para guiar o gestor ou profissional responsável pelo planejamento estratégico de comunicação e marketing, mas não deve ser interpretado como uma ordem. "Deve servir de bússola e roteiro para o indivíduo sensato e experiente, mas para os menos precavidos, os mesmos resultados podem trazer soluções desastrosas", (SIMÕES, Roberto).

O que vale é a exata interpretação dos resultados e do conteúdo e a aplicação dos seus indícios para a obtenção de uma estratégia de marketing salutar. "Recorrer a uma 'pesquisa interna' ou 'pequena consulta' com amigos e vizinhos para investigar o que pensam sobre determinado produto ou serviço, julgando esses resultados como amostragem confiável, sem dimensionar as probabilidades de consumo desse universo proposto pode gerar um resultado desastroso", (SIMÕES, Roberto).

8.3 – Conceitos

Há diversos conceitos sobre a pesquisa mercadológica. Todos válidos e simples de serem entendidos:

"Elaboração, coleta, análise e edição de relatórios sistemáticos de dados e descobertas relevantes sobre uma situação específica de uma organização". (Philip Kotler).

"Identificação, coleta, análise e disseminação de informações de forma sistemática e objetiva com seu uso direcionado à tomada de decisões relacionadas na identificação e solução de problemas e oportunidades em marketing". (Naresh Malhotra).

"Função que liga o consumidor, o cliente e o público ao homem de marketing por meio da informação, usada para identificar e definir oportunidades e problemas de mercado; gerar, refinar, avaliar ações de marketing; monitorar o desempenho de marketing; melhorar a compreensão do marketing como processo". (American Marketing Association).

Resumo

Pesquisa mercadológica é uma ferramenta usada para obter informações para definição e aplicação de estratégias de marketing nas empresas.

8.4 Pesquisa com criatividade

Pesquisas de mercado são caras. Demandam estrutura física, logística, recursos humanos e profissionais de estatísticas. Grandes corporações costumam ter seus próprios institutos de pesquisa, pois dependem das informações para o desenvolvimento de novos produtos e serviços, para acompanhar os movimentos dos consumidores e para tomar decisões com chances mínimas de erros. Erros custam caro. O empreendedor pequeno e médio pode contratar um serviço terceirizado ou realizar pesquisas utilizando criatividade e mão de obra interna.

A internet e as redes sociais são aliadas nessa ação criativa e econômica, mas é preciso ter bom senso e o mínimo de noção sobre os objetivos a ser alcançado. Hoje quase toda informação está disponível a qualquer pessoa consultando gratuitamente os "doutores" google.com, bing.com, yahoo.com e youtube.com. Em qualquer um deles é possível levantar as mais diversas informações sobre os mais específicos assuntos.

8.5 Processos da Pesquisa de Marketing

A Pesquisa de Marketing se divide em sete processos:

8.5.1 – Formulação do problema – Definição dos objetivos.

8.5.2 – Fixar as fontes de informações – determinar se já existem as informações desejadas (dados secundários) que devem ser de fontes confiáveis.

8.5.3 – Desenvolvimento do plano de pesquisa ou elaboração de questionário ou formulários para a coleta de dados primários. O formulário depende do tipo de informação que se quer obter, do universo a ser inquirido e do sistema de coleta (se por perguntas ou observação).

8.5.4 - Coleta de informações: seleção, treinamento, supervisão, controle e avaliação dos entrevistadores.

8.5.5 - Análise das informações: revisão de questionários, tabulação de dados e se houve ou não flutuação na amostragem.

8.5.6 – Planejamento de relatório e apresentação dos resultados.

8.5.7 – Tomada de decisão baseada nos resultados.

8.6 Dados Secundários e Dados Primários

8.6.1 - Dados Secundários

Estas são as etapas para a realização de uma pesquisa de mercado. O item 2, fonte de informações, fala sobre dados secundários e o item 3 sobre dados primários. Dados secundários são informações já existentes que estão disponíveis para consulta em diversos canais, ou seja, alguém ou alguma instituição realizou antes algum trabalho sobre o assunto que desejamos. O site do IBGE (ibge.gov.br) é um bom exemplo de como obter informações sobre todos os municípios brasileiros. Só em Pernambuco são 184 municípios com informações sobre população, clima, hidrografia, economia, datas históricas, entre outros dados relevantes.

Então, se a sua empresa está pronta para abrir novas filiais ou se o empreendedor deseja abrir um novo negócio em alguma cidade que tal começar com as informações do IBGE, uma fonte confiável. Isto é também algo a se ter cuidado quando se buscam dados secundários. Além da internet, onde absolutamente quase tudo está disponível, mas sempre com ressalvas da credibilidade de quem informa, temos outras fontes de dados secundários. As bibliotecas são um bom caminho para se conseguir informações. Os trabalhos acadêmicos das instituições de ensino superior, privadas e públicas também são ótimas fontes. Em regra geral esses materiais estão disponíveis para consulta.

8.6.2 - Dados primários

Esgotadas as possibilidades de obter informações já existentes, parte-se para o levantamento dos dados primários que são informações novas e específicas sobre determinado assunto. Os custos de se obter dados primários são altos porque demandam recursos humanos e logísticos.

Por isso só grande corporações conseguem manter o seu próprio instituto de pesquisa como, por exemplo, o Grupo Ser que mantém o Instituto Maurício de Nassau para pesquisas de consumo interno e para prestação de serviços a outras empresas. Para a obtenção de dados novos com baixo custo é preciso criatividade e eficiência.

Questionários no balcão da loja, questionários enviados por e-mail, cartas, perguntas em redes sociais, enfim, é preciso desenvolver metodologias que se adequem ao seu tipo de negócio. Preparar um bom questionário e enviar para uma lista de clientes cadastrados pode funcionar bem, se isto for feito com bom senso.

Oferecer incentivo para a participação ajuda. Pode-se oferecer desconto ou brinde para quem responder. A página da empresa do Facebook também é uma plataforma interessante. Enviar o questionário para a casa do consumidor com o incentivo para que ele leve respondido e receba um brinde ou participe de um sorteio.

8.7 Modelo de questionário

Questionário para pesquisa de satisfação do consumidor é diferente da pesquisa de marketing para consumo interno com dados primários e para definição de estratégias corporativas.

A pesquisa de satisfação registra os resultados do pós-venda sobre atendimento, instalações, produtos, etc. A pesquisa de marketing visa obter informações para definição de estratégias a serem implantadas na organização. Segue modelo de pesquisa de satisfação do consumidor.

MODELO: PESQUISA DE SATISFAÇÃO DO CLIENTE

Dê sua opinião sobre o atendimento no _-_____(NOME DA EMPRESA MARCA OU PRODUTO).

Desde já a equipe do _____(NOME DA EMPRESA) agradece a sua visita.

Instalações

( ) ótimo ( ) Bom ( ) Regular ( ) Ruim ( ) Muito Ruim

Atendimento

( ) ótimo ( ) Bom ( ) Regular ( ) Ruim ( ) Muito Ruim

Variedade dos Produtos

( ) ótimo ( ) Bom ( ) Regular ( ) Ruim ( ) Muito Ruim

Preços praticados

( ) ótimo ( ) Bom ( ) Regular (   ) Ruim ( ) Muito Ruim

Se você tem mais comentários, elogios ou críticas, por favor nos informe abaixo:

Se quiser se identificar e receber as novidades de nossa empresa:

Nome _____

Endereço_____

Bairro_____ Cidade_____CEP_____ Fone_____

Aniversário_____

e-mail_____

Rede social_____

9.0 CASOS

Sobre Marcas, Consumidores e Mercados, Philip Kotler cita dois casos emblemáticos em seu livro Marketing 3.0:

New Coke

Em 1985, a Coca cola lançou nos Estados Unidos a New Coke. Em três meses o novo produto foi retirado do mercado devido à reação violenta dos consumidores. A reação não tinha a ver com o novo sabor do refrigerante, mas por causa da imagem da marca, parte da cultura pop dos EUA. "Os consumidores sentiam-se ligados à marca e a sua famigerada fórmula secreta" (KOTLER, 2010).

O novo produto, a New Coke, acabava com esta ligação e, portanto, os consumidores rejeitaram o lançamento do novo produto. No Canadá a New Coke teve boa aceitação, porque lá a Coca-Cola não era um ícone. Nos EUA, o fracasso teve um custo alto, mas por meio desse episódio a Coca-Cola teve a certeza de que os consumidores estavam protegendo a marca. (KOTLER, 2010)

IKEA

É uma marca Escandinava de móveis com design (semelhante à Tok Stok) que comercializa produtos a preços acessíveis. Em 2009, em uma tentativa de reduzir custos, a IKEA mudou a fonte oficial da empresa da sofisticada Futura para a funcional Verdana. Os consumidores se revoltaram e o assunto se espalhou pelo twitter. Novamente, os consumidores tentaram proteger a marca à qual se sentiam ligados. A mídia social ajudou a divulgar as queixas com rapidez e abrangência. (KOTLER, 2010)

Marketing Digital

Uma agência de publicidade fez anúncio para a ONG Estação Bem Estar que acolhe pessoas que moram na rua utilizando a foto da calçada numa praça com os panos e lençóis onde vivia um morador de rua. O objetivo era arrecadar fundos para a instituição social. A agência publicou num site de vendas de imóveis a foto explicando que estava à venda, porque o antigo morador agora morava na ONG. Arrecadaram R$ 8.000,00 investindo pouco mais de R$ 50,00. (Conrado Adolpho, "Os 4 P's do Marketing Digital" / conradoadolpho.com.br).

Arezzo

A empresa lançou uma coleção chamada "Pele Mania" numa época em que as pessoas se unem em defesa dos animais e o planeta fala em sustentabilidade. Não foi uma boa ideia. Foi um erro estratégico de não entender o mercado e ignorar para qual caminho as pessoas estão seguindo. O resultado foi uma enxurrada de críticas nas redes sociais. O erro foi de marketing, mas a repercussão no ambiente digital se propaga com mais força e com maior prejuízo à imagem da marca. (Conrado Adolpho, "Os 4 P's do Marketing Digital" / conradoadolpho.com.br)

Nespresso

Esta marca pertence ao grupo multinacional suíço Nestlé. Em 1986, a empresa lançou um inédito sistema de preparo de café expresso por meio de cápsulas de alumínio que inseridas em máquina produziam à perfeição e em segundos uma xícara de café expresso legítimo com a famosa *crema* na superfície. Isto é conseguido através da pressão. A marca Nespresso detém 1/5 do mercado mundial e em 2012 começaram a vencer as patentes registradas relativas à tecnologia e às capsulas para a máquina que até então só utilizava da própria Nespresso.

O mercado de café em cápsulas cresce 20% ao ano no mundo e responde por ¼ do valor total faturado na indústria global de café. O que nos interessa tudo isso? É que a Nespresso passa agora a enfrentar concorrência de outras empresas que podem oferecer cápsulas mais em conta e feitas de outros materiais mais sustentáveis. Quais estratégias a Nestlé vai usar para se manter líder deste mercado?

"A Nespresso é um caso emblemático de sucesso. A estratégia consiste em máquina de café exclusiva que funciona apenas com capsulas exclusivas. O preço das cápsulas deve cair (por causa do final das patentes e da concorrência). A Nespresso trabalha com margens de 30% similares a artigos de luxo. Por isso a Nestlé tem gordura para queimar. Sua mais nova campanha publicitária é estrelada pela atriz espanhola Penélope Cruz".

Leia reportagem completa no site da veja.com.br ou no twitter @VEJA (Edição 2308 de 19 de dezembro de 2012).

10 PLANO DE MARKETING

1ª ETAPA

10.1 - Elaboração do Planejamento de Marketing

1 – Elabore um Plano de Marketing seguindo este Modelo de Planejamento:

1.1 - Sumário Executivo (resumo do Plano, onde deve constar as características principais do seu negócio, objetivos, estratégias, definições e esforços necessários a alcançar)

1.2 –Análise de Ambiente (Informações sobre a empresa: concorrentes, consumidores,, fatores políticos, econômicos e sociais, culturais, legais, tecnológicos)

1.3 – Definição do Público Alvo (Identificar segmento que sua empresa deseja atuar)

1.4 – Definição de Posicionamento do Negócio (Qual imagem você quer transmitir ao mercado)

1.5 – Definição da marca – (Identidade da empresa, a forma como ela será conhecida e deve traduzir a imagem que pretende passar ao mercado).

1.6 – Definição dos Objetivos e Metas (São os resultados que a empresa deseja alcançar).

1.7 – Definição das Estratégias de Marketing (Decisões do Composto de Marketing combinados simultaneamente: produto, preço, praça, promoção, pessoas).

2º ETAPA

10.2 - Execução do Plano

Execução das estratégias definidas no item anterior, assegurando a realização dos Objetivos e fazendo os ajustes necessários durante a execução. O mercado é dinâmico e as mudanças ou ajuste devem ser feitos quando confrontados com a realidade do mercado. Não tenha ideia fixa, seja flexível, sem afastar-se das metas e dos objetivos.

3ª ETAPA

10.3 - Avaliação e Controle

Permite reduzir a diferença entre o desempenho esperado e o desempenho real, garantindo a eficácia dos resultados desejados. Devem ser realizados antes, durante e depois do processo de execução do Plano.

Resumo:

Identificar segmentos de mercado

Selecionar segmentos (definir públicos-alvo)

Definir posicionamento (os benefícios ao público-alvo)

Definir e programar políticas do composto mercadológico

SEJA FELIZ

Dinheiro é ótimo quando se sabe ganhar e, principalmente, usar.

Há três virtudes no ser humano que faz a diferença sobre qual o papel dele na humanidade:

COMPAIXÃO, que é a sabedoria de compartilhar e compreender o sofrimento do próximo;

TERNURA que é o movimento de ser terno, generoso e carinhoso com as pessoas, o planeta e os animais;

HUMILDADE, que é o valor que faz crescer a pessoa. É a base de tudo e lhe ensina que o **seu ego é uma ilusão**.

Quando você ficar rico - e mesmo que não fique - mantenha-se fiel às virtudes e qualidades que fazem alguém ser importante para o outro pelo que ela é e não apenas pelo que possui em bens materiais.

Queira que os outros o ame pelo que você transmite: por suas palavras e suas atitudes.

Pratique o Marketing do Bem, aquele em que o consumidor não existe para ser explorado. Ele existe para que lhe sejam oferecidos os melhores serviços e produtos nos valores e custos totais corretos.

O consumidor precisa das três virtudes em torno dele, porque antes de ser um comprador, ele é um ser humano pleno composto de mente, coração e espiritualidade.

E, como última dica deste livro, cuide da sua saúde. Pratique esportes e exercícios físicos.

Alimente-se de forma saudável e cultive bons hábitos culturais como ler livros, ver filmes e ouvir músicas de qualidade.

Fique mais com a sua família.

Divirta-se, cuide dos amigos e esqueça os inimigos. Não faça inimigos.

Seja feliz.

12 REFERÊNCIAS

KOTLER, Philip; Keller, Kevin Lane. Administração de Marketing, 12ª edição, Pearson Prentice Hall. São Paulo, 2009.

FLEURY, Ângela; ÁUREA, Ribeiro. Marketing e Serviços que ainda fazem diferença. Ed.Saraiva, 2006.

KOTLER, Philip; KARTAJAYA, Hermawan; SETIAWAN, Iwan. Marketing 3.0. Ed.Campus, 2010.

KOTLER, Philip. ARMSTRONG, Gary. Princípios de Marketing. Ed. Prentice Hall do Brasil, 1980.

SIMÕES, Roberto. Iniciação ao Marketing. Ed. Atlas, 1973.

TAVARES, Maurício. Comunicação Empresarial e Planos de Comunicação. Ed. Atlas, 2010.

BEKIN, Saul Faingaus. Endomarketing: como praticá-lo com sucesso. São Paulo: Pearson do Education do Brasil, 2004.

CONRADO, Adolpho. Os 8P's do Marketing Digital: guia estratégico de Marketing Digital. Ed.Novatec, 2011.

GOMES, Isabela Mota. Como Elaborar um Plano de Marketing. SEBRAE/MG, 2005.

HSM Management. Novembro/Dezembro, 2012.

DA SILVA, Elane Lúcia. DA SILVA, Gabriele Elizabete. Endomarketing como propulsor da produtividade no consórcio Fidens-Milplan: uma perspectiva de empresa pensada de dentro para fora. Artigo Científico, Ipojuca/PE, 2012. Biblioteca da Faculdade José Lacerda Filho de Ciências Aplicadas.

GEHRINGER, Max. Clássicos do Mundo Corporativo. Ed. Globo, 2008, Rio de Janeiro.

VEJA, revista semanal. Edição 2308, Ano 45, Número 51, Ed. Abril, SP, 19 de dezembro de 2012.

CDN Comunicação Corporativa. SP: grupocdn.com.br

Posfácio do Autor

A comunicação e o marketing são atividades afins no planejamento e na gestão dos negócios para o fortalecimento da imagem de uma organização, da sua marca e do bom desempenho mercadológico. O marketing é a ferramenta empresarial para a "criação da demanda dos produtos e dos serviços ao mercado e à fidelização dos clientes". A comunicação atua na "interação com a sociedade, a imprensa e com os públicos interno e externo". Dominar essas ferramentas pode ser a diferença entre o sucesso e o fracasso de um empreendimento, além de oferecer mecanismos para se diferenciar e sobressair no mercado cada vez mais concorrido. Ao se firmar uma cultura empresarial, onde a filosofia corporativa do marketing e da comunicação norteiem as ações, desde o mais alto cargo hierárquico até o colaborador mais humilde, leva-se qualidade e diferencial no atendimento ao consumidor. Esses pilares apoiam as relações institucionais com os diversos parceiros comerciais e à sociedade, por meio de ferramentas que aumentam a credibilidade da organização e a consequente melhoria na percepção do seu público alvo. Neste livro abordamos com linguagem acessível e de práticas simples e objetiva como fazer isso: como utilizar as ferramentas dentro da empresa com simplicidade, eficiência e praticidade, racionalizando recursos e obtendo eficácia de resultados. Utilizando experiências empíricas e pedagógicas, buscamos oferecer ao leitor o aperfeiçoamento na gestão do próprio negócio, ao planejamento estratégico e às novas ações empresariais.

CONTATO
vedasedicoesprime@gmail.com

1ª edição – Janeiro de 2013
ISBN 978-85-65501-05-7

Editor
Arnaud Soares Mattoso

Revisão
VEDAS Edições

VEDAS Edições
Rua Alcides Carneiro Leal, 71/603 A
Pina – Recife/PE 51.011-200
(81) 9754.5658
vedasedicoesprime@gmail.com

SOBRE O AUTOR

ARNAUD Soares **MATTOSO**
Editor do selo **VEDAS Edições**
Autor de livros de literatura ficção e não ficção.

Foi **professor** de **Marketing** no curso de Administração da Faculdade José Lacerda Filho (FAJOLCA), em Ipojuca, de 2009 a 2019.

Jornalista (DRT/PE 2231) formado pela Universidade Católica de Pernambuco (UNICAP, 2004.1).

Especialista em Gestão e Planejamento de **Marketing** e em Planejamento e **Gestão Ambiental** pela Faculdade de Ciências da Administração da Universidade de Pernambuco (UPE/FCAP).

Atuou em diversas Assessorias de Comunicação de empresas privadas e públicas ao longo da carreira. Foi repórter do Jornal do Commercio e de outros veículos de comunicação.

NOTA DO AUTOR

Muito zelo e técnica foram investidos na edição deste livro. No entanto, podem ocorrer erros de digitação, impressão ou dúvida conceitual. Em qualquer das hipóteses, entre em contato com a VEDAS Edições por meios dos nossos canais de comunicação disponíveis para que possamos esclarecer ou encaminhar a questão. Nem a editora, nem o autor assumem qualquer responsabilidade por eventuais danos ou perdas a pessoas ou bens, originados do uso desta publicação.

OUTROS LIVROS DE ARNAUD MATTOSO

Pequeno Ruby. Ed. Bagaço. Recife, 2017 (livro premiado pela Academia Pernambucana de Letras, em 2016)

Trilogia Ataques de tubarões no Recife. Vedas Edições. Recife 2013, 2014, 2019

Mar de sangue (romance). Chiado editora, 2014.

A fábula de Dualina (romance juvenil). Chiado editora, 2014.

IPOJUCA, passado, presente e futuro. Carpe Diem, 2013 (livro premiado pela Academia Pernambucana de Letras, em 2014).

Comunicação e Marketing para pequenos negócios. VEDAS, 2013.

A morte de Zumbinha e outras histórias de Porto de Galinhas. Coqueiro, 2012

Porto das Galinhas d'Angola. Carpe Diem, 5ª edição, 2010.

Madrigal da Solidão. Poesia. Ed. do autor, 2003.
Cheiro cola, sim senhor. Poesia. Ed. do auto, 2003.

VEDAS

É uma palavra que significa "conhecimento revelado" ou "visão". Representa as antigas escrituras sagradas da literatura hindu. Consideradas "revelação dos deuses", os escritos originais foram compostos de forma oral entre os anos 1500 a.C. e 1200 a.C. O objetivo dos Vedas é a busca da Verdade Absoluta.

Faça Contato

Prestação de serviços editoriais

@arnaudmattoso

@vedasedicoes

vedasedicoesprime@gmail.com

Diagramação; livro impresso; e-book; resenhas; textos;

Análises de textos literários; correções; ghost writter.

www.ingramcontent.com/pod-product-compliance
Lightning Source LLC
Chambersburg PA
CBHW030638220526
45463CB00004B/1564